Sumikkogurashi
Sumikkogurashi
Sumikkogurashi
Sumikkogurashi
Sumikkogurashi

JN217762

すみっコぐらしの

# 毎日がしあわせになる禅語

# はじめに

忙しく過ごしていると、ちょっとしたことでイライラしたり、モヤモヤしたり、気づかないうちに心が疲れてきます。そうなると毎日を楽しむ余裕がなくなって、しあわせを感じることができません。

そんな時どうしたらいいかを教えてくれるのが禅語です。「漢字ばかりで難しそう」と感じるかもしれませんが、「挨拶」や「元気」も禅語で、書かれているのは日常の過ごし方です。

短い言葉の中に深い意味が込められていますが、ゆっくりお茶や食事を味わいましょうなど、簡単に取り組めるものがたくさんあります。

この本では、禅の教えを日常的な言葉を使ってやさしく紹介しています。かわいいすみっコたちと一緒に読めば、じんわり心に響いてくるでしょう。

この本で、あなたが今日もしあわせに過ごせますように。

# すみっコリすと

すみっコといっしょに
禅語を学ぼう！

## ふろしき

しろくまのにもつ。
すみっこのばしょとりや
さむいときに使われる。

## しろくま

北からにげてきたさむがりで
ひとみしりのくま。
あったかいお茶をすみっこで
のんでいる時がいちばんおちつく。

## ぺんぎん？

自分はぺんぎん？ 自信がない。
昔はあたまにおさらが
あったような…

## えびふらいの しっぽ

かたいから食べ残された。
とんかつとは
こころつうじる友。

## とんかつ

とんかつのはじっこ。
おにく1%、しぼう99%。
あぶらっぽいからのこされちゃった…

## とかげ

じつは、きょうりゅうの生き残り。
つかまっちゃうのでとかげのふり。
みんなにはひみつ。

## ざっそう

いつかあこがれのお花屋さんで
ブーケにしてもらう！
という夢を持つポジティブな草。

## ねこ

はずかしがりやで気が弱く
よくすみっこをゆずってしまう。
体型を気にしている。

## にせつむり

じつはからをかぶった
なめくじ。
うそついてすみません…

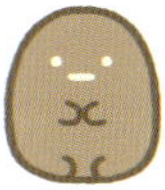

## ブラック たぴおか

ふつうのたぴおかより
もっとひねくれている。

## たぴおか

ミルクティーだけ
先にのまれて吸いにくいから
残されてしまった。
ひねくれもの。

## ぺんぎん（本物）

しろくまが北にいたころに
出会ったともだち。
とおい南からやってきて
世界中を旅している。

## とかげ（本物）

とかげのともだち。
森でくらしている本物のとかげ。
細かいことは気にしない
のんきな性格。

## ほこり

すみっこによくたまる
のうてんきなやつら。

## やま

ふじさんにあこがれている
ちいさいやま。温泉に現れては
ふじさんになりすましている。

## おばけ

屋根裏のすみっこにすんでいる。
こわがられたくないので
ひっそりとしている。おそうじ好き。

## すずめ

ただのすずめ。
とんかつを気に入って
ついばみにくる。

# もくじ

# 1章

# ほっとする言葉

# 喫茶去

きっさこ

一杯のお茶で
心がほんわか和みます。
湯気《ゆげ》の向こう側の
人との距離《きょり》も
グッと近づきます。

◎……「まあ、お茶でも一杯」という意味で、立派なお坊さんが、訪ねてきた修行僧にかけたひと言。上下の関係にかかわらず、相手に真心で接する大切さが伝わってきます。

# 愛語《あいご》

心の込もった言葉は
相手をしあわせにします。
伝えることが、大事。

◎……気持ちを込めた言葉をまっすぐ伝えることで、相手との距離が縮まります。自分が言われてうれしい言葉は、声に出してみましょう。ほんのちょっとの勇気で大丈夫です。

# 自灯明《じとうみょう》

この先にあるのは、
あなたの未来。
心に明かりを灯していれば
進むべき道は見えるはず。
ゆっくり、一歩ずつ、
進みましょう。

◎……他人に頼らず、自分の意思で行動すること。自らを灯しなさい、という教え。心のおもむくままに進む先には、あなただけの未来が、きっと待っています。

# 把手共行

はしゅきょうこう

一人ではできないことも、
一緒ならできる。
友達というものは、
かけがえのない存在です。

◎……文字のごとく、共に手を取り合って行うこと。人は励まし合い、時にぶつかりながら、お互いに成長していきます。そんな仲間との出会いを大事にしましょう。

# 家和万事成

いえわしてばんじなる

ほっとできる場所がありますか？
ついつい日常に流されてしまう時も、
心のよりどころがあれば、
いつでも自分自身に戻れます。

◎……………美しい花も、根っこがしっかりしていなければ咲くことができません。安定して落ち着くことのできる家があるからこそ、大きなことを成し遂げることができるのです。

# 百尺竿頭進一歩

ひゃくしゃくかんとうに　いっぽをすすむ

ゴールは終わりではなく、
次へのはじまりです。
新しい一歩が、肝心《かんじん》です。

◎……長い修行で至った悟りの境地に安住することなく、さらに一歩進みましょうという教え。
生きているうちは常に修行中です。目的を達成したことに満足してはいけません。

# 和敬清寂

わけいせいじゃく

互いを敬う心があれば、一杯のお茶に込められたさまざまな想いを知ることができます。

◎……………茶道の心得として掲げられることが多く、この四つの文字にお茶の心が込められています。もてなす人も招かれた人も、相手を敬う気持ちを持つことが大切です。

# 南山打鼓北山舞

なんざんにつづみをうてば　ほくざんにまう

離れていても、心が通じ合うのは、
信頼しているから。
信頼を築くために必要なのは、
お互いを認め合うことです。

◎…………南の山で鼓を打てば、北の山で踊りを舞う。まさに、阿吽（あうん）の呼吸。心が通じ合っていれば、距離は関係ない、という意味です。心が通じ合う人が、今は近くにいなくても、きっとどこかにいるはずです。

# 三衣一鉢

さんねいっぱつ

無《む》駄《だ》なものは、いらない。
大切なものは、
ひとつあれば十分。

◎……お坊さんの持ち物のことで、少しの衣服と食器がひとつあれば事足りるという意味。無駄なもの、必要のないものは、手放しましょう。そうすると、本当に大切なものが見えてきます。

# 花枝自短長《かしおのずからたんちょう》

自分の個性を認めましょう。
それが、あなたの魅力《みりょく》です。
そして、ありのままの姿を
美しいと思える心を育てましょう。

◎……… 桜並木は、遠くからは同じように美しく見えても、それぞれの木の大きさや枝ぶりは違います。私たちも、それぞれ個性という輝きを持っています。他の人の輝きをうらやましいと思う前に、自分の個性をピカピカに磨きましょう。

# 大道透長安

だいどうちょうあんにとおる

急いでも、
ゆっくりでも、
まっすぐ進んでも、
くねくね歩いても、
目指すところは
同じ場所。

◎………「すべての道は長安に通じている」という意味で、ここで言う「長安」とは、悟りの世界を指します。目標を達成するには、日常の一つひとつを丁寧（ていねい）に行うことが大切です。

# 逢花打花

はなにあえば　はなをたす

美しい花を、美しいと感じる
時間はありますか？
一つひとつの出会いを
大切に、丁寧《ていねい》に受け止めると、
毎日が豊かになります。

◎……花を見かけたら、花に向き合う。つまり、物事にしっかりと向き合うことが大切だという教えです。忙しくても、見たものや感じたことを受け止める時間を持ちましょう。一瞬一瞬の出会いを、大切に。

# 壺中日月長

こちゅうじつげつながし

時間の使い方は、
自分次第。
心にゆとりがあれば、
時間を大切に
使えます。

◎……壺（つぼ）の中で気ままに十日ほど過ごしたと思っていたら、外の世界では十数年が経っていた、という物語から生まれた禅語。時間を意識して、楽しく過ごせるよう心がけましょう。

# 惺惺着

せいせいじゃく



「目を覚まして」と
自分の心に声をかけましょう。
本来の自分が目覚めていれば、
何が起きても安心です。

◎……………「自分の本性が目覚めているか」と問いかけている様子を表した言葉。人が生まれ持った本質は、世間に流されて見失いがち。本来の自分に向き合う時間を持ちましょう。

# 2章

# ラクになる言葉

# 春来草自生

はるきたらば
くさおのずからしょうず

春は必ず訪れます。
それまでは、
自分を磨く時間です。

◎……春になれば花が咲き、草木は芽吹きます。人も同じで、春はきっと来ます。でも、そのタイミングは人それぞれ。しかるべき時が来るまで、今できることと向き合いましょう。

# 山是山水是水

やまはこれやま
みずはこれみず

そのままの、あなたが好き。

◎……山は水を与え、水は山を潤す。それぞれ役割があり、お互いを支え合う存在ということ。自分が他人になることはなく、「私は、私」。自分自身の良さを、認めてあげましょう。

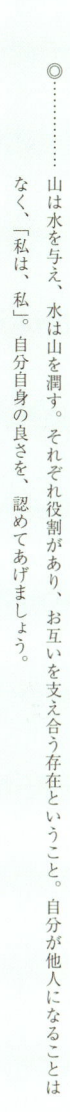

# 本来面目

ほんらいのめんもく

努力すること、
探し出すこと、
思い直すこと。
その先にあるのは、
本当の自分。

◎……生まれながらにして持つ、自分自身のことを表します。人は成長とともに、こだわりや執着を持つようになり、本来の自分を見失いがちです。すべてを手放し、本来の自分に出会うことは一生の宿題です。

# 歩歩是道場

ほぼこれどうじょう

今、ここにいることは、
偶然ではなく、必然。
心を落ち着かせれば、
どんな場所でもがんばれる。

◎…………自分の心が揺らがなければ、どんな環境でも、修行の場（道場）になるという意味。どんな場面でも、「どうして？」ではなく、自分にとっての必要性を見出して受け止める、大きな心を持ちましょう。

# 悟無好悪

さとればこうおなし

見た目だけで、
好き・嫌いを決めていませんか。
必要なものは、
自分で確かめましょう。

◎……あるがままを受け入れることができれば、好きとか、嫌いという価値観はなくなる、という教えです。他人の評価や、自分を良く見せたいという思いに縛られていませんか？

# 孤雲本無心

こうんもとむしん

まわりなんて、気にしない。
心のおもむくままに。

◎……雲のように、自由に形を変えて、気ままに流れる様子を例えた禅語です。他人の評価や、こう思われたいという願望にとらわれることなく、自分らしく過ごしてみましょう。

# 脚下照顧

きゃっかしょうこ

空を見上げると、
自由に飛ぶ鳥や
ふわふわ浮かぶ雲や
光り輝く星が
うらやましく思えます。

そんな時は、
足元に目を向けて。
小石につまずいて
転ばないようにしましょう。

◎……………「足元を見よ」という意味ですが、「足元」とは自身の行いや考え方のことを指します。他人のことはよくわかりますが、自分自身はどうですか？　立ち止まり、見つめ直す機会を持ちましょう。

本来無一物

ほんらいむいちもつ

何も、持たない。
何も、こだわらない。
何も、迷わない。
心をからっぽにして、
もう一度、はじめよう。

◎……人は何も持たずに生まれ、すべてを手放して死んでいきます。執着や欲望に苦しむことがあっても、本来は何もなかったと思えば、心がラクになります。

# 両忘《りょうぼう》

どっちなんだろう？
どちらでも、いいんです。

◎……白黒はっきりさせる考えを忘れると、心がおだやかになるという教えです。固定観念や偏見などの先入観を捨てて、素直に受け止めましょう。

# 魚行水濁

うおゆけば　みずにごる

気づかないところで、
相手を傷つけることだってある。
行動は慎重に。

◎……………澄んでいた川も、魚が泳げば底の砂が舞って、あっという間に濁ります。私たちも知らずして、迷惑な振る舞いをしているかもしれません。一つひとつの行動に責任を持ちましょう。

# 行雲流水

こううんりゅうすい

流れるまま、吹かれるまま、
自然に身をまかせる。
私らしく、いるために。

◎……………空に浮かぶ雲も、流れる川の水も、ひとつのところに執着せず、自然に身をまかせて自由に行動します。私たちも、自由にありたいものです。

# 水急不流月

みずきゅうにして
つきをながさず

昨日まで良かったことが、
今日はダメになったり。
明日はどうなるのだろう？　と
不安になったり…。
他人に振り回される
一《いっ》喜《き》一《いち》憂《ゆう》の日常は、
とても疲れます。

そんな中でも変わらないのは、
自分自身です。
あなたの考えや、気持ちは、
誰にも惑《まど》わせることはできません。
だからこそ、勇気を持って、
自ら動いてみましょう。

◎……岩や大木が流されるほどの激流でも、水面に浮かぶ月を流すことはできません。月のようにまわりに流されず、大切なものを見失うことなく、過ごしましょう。

# 一行三昧

いちぎょうざんまい

音楽を聴きながら本を読む。
本当にしたいのはどっち？
夢中になれるのはひとつだけ。
欲張ってはいけません。

◎……………あらゆる雑念を取り払い、ひとつのことに集中して取り組むこと。二つのことを同時に行うと、どちらも中途半端になってしまいます。一つひとつを丁寧に行いましょう。

# 放下着

ほうげじゃく

すべてを、
捨ててしまいましょう。

◎……………

「放下」は捨てること、「着」は命令。いつまでも抱えていないで、すべて捨てなさいという教えです。こだわりや執着、プライド、悩みや迷いなどの一切を手放すことで、すっきりとした自分になれます。

# 3章

# しなやかに生きる言葉

# 達磨安心

だるまあんじん

見えない不安は
どこにあるのでしょうか。
不安の正体は
思い過ごしだったりします。

◎……………不安をなくす方法を尋ねた弟子に、達磨大師（ダルマさんのモデルになったお坊さん）が答えました。「では、その心を持ってきなさい」と。形のないものは、取り除くことができないのです。

# 明珠在掌

みょうじゅ　たなごころにあり

探しに行くことばかり、
考えていませんか。
大切なものは、
ここにあるのに。

◎……「明珠」とは、自分にとって、とても価値のあるものを指します。素晴らしい宝物は、自分の中にあります。それに気づくことが大切です。

# 天上天下唯我独尊

てんじょうてんげ　ゆいがどくそん

私は、
誰にも縛《しば》られません。
あなたを、
私は支配できません。
自由にできるのは、自分だけ。

◎……………自分という存在は、他の誰にも代わることができない尊いもの。また、誰もがそれぞれに尊い存在であるという教えです。

# 洗心

せんしん

心が曇《くも》ってないですか？
苦しくなる前に、
すっきり
洗い流しましょう。

◎……その名のとおり、心を洗うという意味です。手足の目に見える汚れは気づきやすいですが、心の汚れは自分にしかわかりません。常に点検をして、落ちにくくなる前にきれいにしておきましょう。

# 誰家無明月清風

たがいえにか　めいげつせいふうなからん

誰でも、生まれながらに
美しい心を持っています。
それに気づいていないだけ。
心の窓を開けば、
本来の自分に目覚めるでしょう。

◎……………誰の家にも月の光が射し、清らかな風が吹く。どんな人にも平等に、仏心は宿っています。「なんで私だけ…」と悲観しないでください。気づいていないだけですから。

# 忍辱

## にんにく

悔《くや》しいのは、諦《あきら》めていないから。
辛いのは、まだがんばれるから。
自分の居場所は、
自分でしか見つけられません。

◎……「忍辱」とは、六波羅蜜（ろくはらみつ）という悟りの世界に到る六つの修行のひとつ。どんな屈辱や苦しみにも耐えて、心を動かされることがなければ、どんな状況においても自分らしくいられるという教えです。

# 万法帰一

ばんぽうはいつにきす

しあわせや悲しみは、
永遠に続くことはありません。
代わる代わる、
やってくるだけ。

◎……………善悪や可否・正邪などあらゆるものは、同じ場所「一」に存在するという言葉。何ごとも理屈抜きに、広い心でとらえよう、という教えです。

# 一日不作　一日不食

いちにちなさざれば　いちにちくらわず

自分ができることをする。
それが人生の糧《かて》になる。

◎……………「働かざる者食うべからず」という意味ではありません。勉強や仕事など、人それぞれにやるべきことがあります。
自分にできることを見つけて行いましょう。

# 拈華微笑

ねんげみしょう

演じない。飾らない。
そのままでいられる人ほど
大切な存在。

◎……………お釈迦様が大衆を前に、蓮（はす）の花を指し示したところ、一人の弟子だけが真意を知り、ほほえみで返したという故事。言葉はなくても、心は通じ合うのです。

# 稽古照今

いにしえをかんがえて
いまにてらす

稽古《けいこ》とは、
今を良く生きるための
修行です。

◎……過去の出来事から学び、今の生活に活かすことが大切、という教えです。茶道、華道などの「お稽古」は、ここから来ています。過去の教えや教訓を、今の自分を良くするために学びましょう。

# 無事是貴人

ぶじこれきにん

もっと、もっと…。
求めはじめると、
終わりがありません。
無理をせず
自然体のままで。

◎……………禅語で言う「無事」は、何も求めないという意味です。外へと向かう心を捨てれば、本来の自分でいることができ、心の平穏を取り戻せます。

# 閑古錐

かんこすい

若さがうらやましい
と思うのは、
過去の自分に
執着しているから？

今のほうが
知識や経験もあるし、
多くのことを知っています。
年をとった
あなたの魅力《みりょく》に
気づいてください。

◎…………使い続けて先端が丸くなった錐（きり）は、道具としては使えませんが、刃先の丸みやなじんだ持ち手は、新品にはない魅力があります。年を重ねた物にも人にも価値はあるのです。

# 4章

# やる気になる言葉

# 大機大用

だいきだいゆう

チャンスは
誰にでも巡《めぐ》ってくるけれど、
怠《なま》けていると見逃します。
チャンスをつかめる人になろう。

◎……「大機」はチャンス、「大用」はチャンスを利用して行動すること。チャンスは誰にでもやってきます。そのチャンスを見逃さず、生かしましょう。

# 単刀直入

たんとうちょくにゅう

本当に伝えたいことは、
ひとつだけ。

◎……………いきなり本題に入る、という意味。相手を傷つけてしまうのでは？　という不安もありますが、相手に対する思いやりがあるからこそ、本音で伝えてあげたいですね。

# 滅却心頭火自涼

しんとうをめっきゃくすれば　ひもおのずからすずし

大きな試練には、
苦しみが伴います。
苦しみを、
受け止めることができれば、
試練はチャンスに転じます。

◎……………どんな熱い火でも、心の持ち方ひとつで、涼しい顔をしていられるという意味。苦しいことがあっても、逃げずに立ち向かいましょう。

# 冷暖自知

れいだんじち

見てわかるものは、
ほんの一部。
耳、手、口、目、鼻、
五感で得る体験に
勝るものはありません。

◎……水が温かいか、冷たいかは、飲んでみればすぐにわかります。物事は教えられるより、経験したほうがよくわかるという意味です。

# 白珪尚可磨

はっけいなおみがくべし

まだ、できることがある。
ゴールは自分で決めない。

◎……「白珪」とは白く清らかな玉。美しく完璧な玉でも、さらに磨きをかけるべきであるという言葉です。向上心を持って、物事に向かう姿勢が大切です。

# 雲収山岳青

くもおさまりて
さんがくあおし

あなたの顔が曇《くも》ったら、
心を覆《おお》っている雲を払いましょう。
晴れやかな笑顔の
あなたを取り戻せます。

◎……………白い雲が過ぎ去り、青々とした山が見えてくる。人のあるべき姿を、「山」に例えた教えです。迷いや欲は捨てて、本来の自分を見失わないように。

すみっ湖
z
z
z
z

# 日々是好日

にちにちこれこうにち

笑っても
涙しても、
今日という日は、
かけがえのない日。

◎……優劣や損得などの感情にとらわれず、一日一日をありのままに生きることが大切です。そうすれば、毎日、良い日を迎えることができます。

# 八風吹不動

はっぷうふけども
どうぜず

大きな風が吹いても、
流されない。
強い気持ちで
前に進もう。

◎……「八風」とは、利益・名誉・称賛・楽・衰退・不名誉・中傷・苦。じゃまをするものがあっても、強い信念があれば、くじけることなくまっすぐに進めます。

# 寒松一色千年別《かんしょういっしきせんねんべつなり》

風が強い日には、大地を踏みしめて、
雪が降る日は、雪の重みに耐える。
辛い顔を見せずに乗り越える。
まっすぐに生きるとは、こういうこと。

◎……寒い冬も松は緑色で千年経っても変わらず生き続けています。人生には辛いこともたくさんありますが、松のように、まっすぐに生きたいものです。

# 李花白桃花紅

りかはしろく
とうかはくれないなり

足りないものを探すより、
余るほどの魅《み》力《りょく》に
気づきましょう。
あなたは、そのままがいい。

◎……李（すもも）の花は白く、桃の花は紅色。そのままが美しいのだから、自分の色を変えなくてもいい、という意味です。偽りのない自然のままでいましょう。

# 晴耕雨読

せいこううどく

うまくいかない日は、
無理せずできることを
やってみましょう。
そこから元気をもらったら、
明日は、きっとうまくいく。

◎………………

晴れた日は外で畑を耕し、雨の日は家の中で読書をしましょう。無理をせず、自然のままに過ごせば、心おだやかに暮らすことができます。

# 5章

# 心が自由になる言葉

# 莫妄想

まくもうぞう

あの人より、しあわせ？
あの人より、輝いている？
すべて妄想《もうそう》の仕業《しわざ》。
余計なことは忘れましょう。

◎……妄想などせずに、今やるべきことを進めようという教えです。ここで言う「妄想」とは、後悔や固執、思い込みなど。不安を引き起こす雑念は手放して、シンプルに生きましょう。

# 円相《えんそう》

すべては、
まあるく
おさまっている。

◎……円相とは、図形の丸を一筆で描いたもの。途切れることがない円は、自然や生物から宇宙に至るまで、この世における真理と禅の心を表しています。

# 啐啄同時

そったくどうじ

私が合わせるのでもなく、
あなたが私に合わせるのでもない。
ピタッとくる、その時を待ちましょう。

◎……「啐」とは、今まさに産まれようと雛（ひな）が卵の中から殻を破ろうとすること。「啄」は、親鳥が外からくちばしで殻をつつくこと。相手の行いに対して、絶妙なタイミングでサポートすることを表す言葉です。

# 好事不如無

こうじもなきにしかず

良いこと。悪いこと。
この価値判断だけに
振り回されるのは、
もったいない。

◎……「良いことも、ないほうがましだ」という言葉。人は、良いことがあると執着してしまい、それ以上のことを求めてしまいます。良い悪いを考えず、執着を手放しましょう。

# 無功徳《むくどく》

いいことをする時、
褒《ほ》めてもらおうと
思っていませんか？
本当にいいことは
損得抜きで行おう。

◎……「私の行いにどんな功徳がありますか？」と尋ねた中国の武帝に対して、達磨大師（だるまだいし）が答えた言葉。
功徳を得ることを目的に動くと、見返りを期待してしまいます。何も求めず、清らかな心で行動しましょう。

# 隻手音声

せきしゅおんじょう

常識は、人によって違います。
自分の常識を捨てて
広い視野で世界を見ることができれば、
自由に生きることができます。



◎……………「隻手」とは片手のこと。拍手するように両手を打てば音が鳴りますが、片手では鳴りません。世の中には、常識が通じないことがたくさんあります。理屈や言葉という枠を超えて、物事に向き合いましょう。

# 挨拶

あいさつ

挨拶《あいさつ》をしましょう。
返ってくる声の調子で、
相手の心が理解できます。

◎……………「挨」は迫ること、「拶」は切り込むという意味で、修行者の悟りを試す禅問答の様子を表しています。日常で使う言葉とは意味が違いますが、心が伝わる挨拶をしましょう。

# 如実知見

にょじつちけん

「あと一個しかない」も、
「まだ一個ある」も同じ。
事実をありのままに見ましょう。

◎……………事実をあるがままに見て、真実を正しく見極めましょう、という意味です。自分の感情や思考で物事を判断せずに、
俯瞰（ふかん）で見るようにしましょう。

# 以心伝心

いしんでんしん

言葉はなくても、心でつながるほうが何倍も深い。

◎……互いの心から心に届ける、言葉では言い表せない真理のことです。そのためには、常に相手の気持ちに寄り添いましょう。

# 6章

# しあわせになる言葉

# 桃李不言 下自成蹊

とうりものいわざれども　したおのずからけいをなす

あなたの魅《み》力《りょく》に気づく人が、自然と集まってきます。

◎……桃や李（すもも）は、何も言わないが、美しい花や香りの良い果実を求めて人が集まり、木の下に道ができていく、という故事。徳のある人には、自然と人が集まってきます。

# 一花開天下春

いっかひらきててんかのはる

あなたの笑顔が、まわりを明るく照らします。

◎……………一輪の花が開いて、天下が春になる。一人ひとりが一輪の花のように、自分らしく輝いて生きることで、世の中が救われるという教えです。

# 百花為誰開

ひゃっかたがためにひらく

報《むく》われないと悩んだ時は、
野《の》に咲く花を思い出しましょう。
誰のためでもない、
ありのままに生きることの
大切さに気づくでしょう。

◎………………花は誰のために咲くのか？　という問いかけです。花は季節や天候などの自然条件に合わせて、咲きたい時に咲くだけ。誰かにきれいと言われるために、咲くのではありません。

# 柳緑花紅

やなぎはみどりはなはくれない



ありのままの自然の姿を
美しいと感じるには、
素直な心が必要です。

◎……柳は緑色、花は紅色。何も手を加えていない、ありのままの美しさを感じることが大切です。いつも当たり前のように咲く花の姿こそが、悟りの境地であると教えてくれる言葉です。

# 元気

げんき

あなたが
イキイキとしているだけで、
まわりの人も
元気になります。

◎……人や動物、自然など、この世のすべての物には気が宿り、イキイキとした気を「元気」と言います。元気は自分自身だけでなく、そのまわりにいる人にも伝わります。

# 大象不遊兎径

だいぞうは
とけいにあそばず

小さなことは、気にしない。
大きな心を持てば、
細かなことで
くよくよしなくなります。

◎……大きなゾウは、ウサギが通るような小道には行かないという意味。
細かなことは気にせず、広い視野で物事を見ましょう。

# 安閑日如年

あんかんのひとしのごとし

忙しければ、
ひと息いれましょう。
心に余裕《よゆう》ができると、
時間を上手に使うアイデアも
ひらめきます。

◎……………日常の慌ただしさや、時間にとらわれることなく、平穏に過ごしましょう。
心にも余裕ができ、日々に感謝する気持ちが生まれます。

# 与天下人作陰涼

てんかのひとのために　いんりょうとならん

あなたがここにいるとうれしい。
笑っているだけで楽しい。
一緒にいるだけでしあわせ。

◎……………「陰涼」とは、木陰のこと。照りつける太陽を遮る大きな木は、涼しくてほっとします。人々に対して、安らぎを与えるような存在になりましょうという教えです。

# 時時勤払拭

じじにつとめてふっしきせよ

心の汚れに気づいたら
サッと拭《ふ》き取りましょう。
気づいたらすぐにするのが、
きれいを保つコツ。

◎……………心を曇らすホコリは、気づいたらすぐに、払ったり拭いたりしましょう。「いつか」ではなく、「今」することが大切です。

# 赤心片片《せきしんへんぺん》

理屈っぽくなってきたら、
心のノートを
まっさらにしましょう。

◎……「赤心」とは赤ちゃんのような純粋な心、「片片」とはすべてのこと。すべての物事に真心を持って接しましょう。
悩んでいたことも、解決の糸口が見つかるかもしれません。

# 夢

ゆめ

人生は
はかない夢のよう。
夢なんだから、
なんでもできる。

◎……沢庵和尚（たくあんおしょう）が死に際に残した言葉。この世のすべては、実体のない夢のようなもので、地位や名誉、執着も死んでしまったら消えてしまいます。何にもとらわれない、夢を見ましょう。

# 平常心是道

びょうじょうしんこれどう

毎日が本番。
そう心がけていれば、
失敗も減ります。

◎……………いざという時だけ、がんばればいいというものではありません。常日頃から気を引きしめ、心を落ち着かせて物事に向き合いましょう。

# 知足

ちそく

しあわせをひとつ見つけたら、
ギュッと抱きしめましょう。
それだけで十分。

◎……十分に満ち足りていることを知りましょう。それ以上は望まず、求めないという教えです。自分にとって本当に必要なものだけを、身に付けましょう。

# 主人公

しゅじんこう

私は、私らしく
生きていますか？
心に、問いかけましょう。

人生は、
私だけに贈られた、物語です。

◎……………ある偉いお坊さんは毎日、自分自身に「主人公であるか」と問いかけたそうです。主人公とは、常に物語の中心となる人。つまり自分の心、真理なのです。

監修　サンエックス・武山廣道
デザイン　キムラナオミ（2P Collaboration）
文　稲垣あや
編集　鈴木ひろみ
編集協力　よこみぞゆり・有井嘉奈子・藁谷優子・桐野朋子
（以上、サンエックス株式会社）
編集人　伊藤光恵（リベラル社）
営業　榎正樹（リベラル社）

編集部　渡辺靖子・堀友香・上島俊秀・猫塚康一郎
営業部　津田滋春・廣田修・青木ちはる・栗田宏輔・中西真奈美・澤順二

**すみっコぐらしの**
**毎日がしあわせになる禅語**

2017年12月24日　初版
2020年 6月27日　再版

監修　サンエックス・武山廣道
発行者　隅田 直樹
発行所　株式会社 リベラル社
〒460-0008 名古屋市中区栄3-7-9 新鏡栄ビル8F
TEL 052-261-9101　FAX 052-261-9134　http://liberalsya.com
発売　株式会社 星雲社（共同出版社・流通責任出版社）
〒112-0005 東京都文京区水道1-3-30　TEL 03-3868-3275

© 2017 San-X Co., Ltd. All Rights Reserved.
© Liberalsya 2017 Printed in Japan
落丁・乱丁本は弊社送料負担にてお取り替え致します。
ISBN978-4-434-24166-6　321002

Sumikkogurashi